MADAGASCAR

EXPÉDITION — COLONISATION

PAR

C. THOMASSIN
Capitaine de frégate en retraite

SE TROUVE A PARIS

Chez l'AUTEUR
15, rue de Berne

Chez GUÉRIN
Commissionnaire en librairie
21, r. des Boulangers

MADAGASCAR

EXPÉDITION — COLONISATION

Renseignements historiques.

On a publié bien des renseignements sur Madagascar et l'on a dit sur cette île les choses les plus fausses et les plus exagérées. Maintenant encore, malgré six mois de campagne, il en est de même. Il serait peut-être utile d'établir la vérité, autant que cela se peut.

Depuis trois cents ans, les aventuriers ou navigateurs français, et même étrangers, ont tenté de fonder des villes sur les côtes de cette île et d'y faire du commerce. Tous ont trouvé de l'opposition et beaucoup de difficultés : tous ont disparu.

En 1846, le capitaine de vaisseau Romain Desfossés se rendit à Tamatave avec la frégate *le Berceau* et quelques autres navires français et anglais ; il s'agissait de mettre les Hovas à la raison et de les obliger à respecter les Européens. Malgré les difficultés du débarquement, causées par les vases et les palétuviers, arbres qui poussent dans la vase, on arriva à terre et, l'artillerie des navires aidant, on fut bientôt maître de la position des Hovas. A midi, les cartouches manquaient, on fut obligé de se rembarquer avant la nuit et, par les difficultés de l'embarquement, beaucoup d'hommes reçurent des coups de zagaie.

Toutes les opérations militaires faites contre les Malgaches sont semblables à celle-ci ; il n'est pas étonnant que la reine soit bien persuadée que, puisque les Malgaches ont toujours été victorieux, ils le seront encore cette fois. Entre un débarquement de 400 hommes dans les palétuviers et un corps d'armée de 15.000 hommes, qui peut avancer par eau à 200 kilomètres dans l'intérieur, il y a une différence.

Les fièvres.

On a beaucoup parlé des fièvres de Madagascar et tout a été exagéré. Un chirurgien de marine a écrit dans les journaux qu'un Européen ne pouvait supporter le climat que pendant six mois. Telle était l'opinion des chirurgiens de marine, qui n'avaient connu le pays que de loin et dont aucun n'avait parcouru l'intérieur.

En 1847, la frégate la *Cléopâtre*, commandée par l'amiral Cécille, avait passé quatre ans en Chine et passa six mois à Madagascar : trois mois à Sainte-Marie et trois mois à Nossi-Bé. C'était, à l'époque, les deux seuls points connus de Madagascar. Pendant ce séjour de six mois, malgré la faiblesse des hommes qui avaient fait une longue campagne, il n'y eut qu'un seul homme qui mourut de la fièvre, ce fut le cuisinier de l'amiral.

Sainte-Marie passait alors pour un pays très fiévreux et l'on en relevait souvent la garnison. Les officiers et employés sans fatigue ne mouraient pas et les Pères Jésuites qui y avaient une résidence se portaient très bien, sauf quelques accès de fièvre qui ne tiraient pas à conséquence. Cependant l'île de Sainte-Marie est basse, boisée et, par endroits, marécageuse.

Il n'en était pas de même à Nossi-Bé, îlot éloigné de la grande terre et plus élevé que Sainte-Marie. En 1844, la gabare la *Lionne* faisait le service entre Bourbon, Madagascar, les Seychelles et l'Inde. A cette époque, la mortalité était si grande dans la garnison de Nossi-Bé que, malgré le soin que l'on avait de relever la garnison par des troupes fraîches venues de Bourbon, la compagnie était décimée, au point que, quand les troupes d'infanterie de marine partaient de Toulon pour Bourbon et Madagascar, on se faisait des adieux déchirants.

En 1847, les choses avaient changé ; on avait abattu des bois, on avait défriché et cultivé et l'on avait comblé les marigots ; la garnison tenait très bien et il n'y avait d'accès de fièvre que parmi les hommes qui travaillaient trop. Il en sera de même actuellement. Les troupiers en campagne fatiguent beaucoup; tant qu'il y aura grande fatigue, il y aura de la fièvre. Le tort est d'avoir ajouté le métier de terrassier à celui de soldat. Quand on sera arrivé sur les hautes terres, où les soldats n'auront pas à lutter contre la vase, les marais et les hautes herbes, les choses changeront.

D'après des renseignements très sérieux, donnés dans les journaux, le plateau d'Emyrne et les autres sont très sains toute l'année. On peut y mourir de la fièvre comme on meurt en France de la fièvre typhoïde ou de toute autre maladie, mais les fièvres ne sont qu'accidentelles, et même personnelles, suivant le tempérament des individus. Quand une personne est atteinte de la fièvre, on la soigne par la quinine. Si la fièvre augmente, il faut l'expédier de suite à La Réunion, où l'on est en deux jours.

Les Pères Jésuites ont eu des sujets qui sont restés vingt-quatre ans à Tananarive et autres localités. Les Sœurs de Charité y sont restées jusqu'au moment de l'expédition. Enfin, beaucoup de Français, de créoles de Maurice et de La Réunion, ainsi que des étrangers de toute nation, ont échappé à la fièvre. La compagnie d'infanterie de marine qui gardait la résidence n'a pas souffert de la fièvre ; plusieurs soldats congédiés ont demandé à rester à Tananarive. Il est reconnu maintenant que les plateaux sont très sains, malgré les rapports des chirurgiens de marine d'autrefois. Il ne s'agit donc que de gagner les plateaux le plus vite possible et de remplacer les troupes atteintes de la fièvre. Quant à celles qui stationnent dans les marais, ne pas les laisser plus de deux mois. Tout le travail qui reste à faire peut être achevé par des troupes fraîches auxquelles on n'aura pas fait faire de routes.

Les fièvres sont peu à craindre pour les marins et les habitants de la côte ; les ouvriers des constructions navales, envoyés pour le montage des chalands et canonnières, n'ont pas eu à s'en plaindre.

Composition de l'expédition.

Le choix des troupes a été assez bien fait, le transport du personnel a eu du succès et de la chance. Il est étonnant que, sur tant de navires chargés d'hommes, il n'y ait pas eu un malheur, soit par le feu, soit par l'échouage, soit par les abordages fortuits, ce qui se voit tous les jours.

On ne pourrait en dire autant du transport du matériel. L'habitude est de ne jamais mettre tous ses œufs dans le même panier ; on n'en a pas jugé ainsi, et l'on a eu soin de mettre tout le matériel indispensable au débarquement dans un seul navire, de sorte que si l'abordage du navire avait été comme celui de l'*Elbe*, ce que l'on devait prévoir et ce dont on devait se méfier de la part de nos bons voisins, l'expédition était retardée d'un an et les soldats étaient condamnés à rester dans les marais, où la fièvre eût été leur seul bénéfice. Le matériel aurait dû être expédié par quatre navires différents. Toutefois, il n'était pas ce qu'il fallait pour ce genre d'expédition.

Il fallait certainement quelques canonnières : elles n'ont servi à rien, et, faute d'autres moyens de transport, elles serviront peut-être quand il ne sera plus temps de s'en servir. Il fallait expédier cent gabares en bois, de 14 mètres de long, semblables à celles de la rade de Brest. Ces chaloupes, qui sont employées à Brest, à la Réunion et dans beaucoup de pays, sont très faciles à manœuvrer et à remettre à flot.

On pouvait en mettre douze dans le plus simple appareil de la coque, sur chaque navire affrété, établies au-dessus du pont, sur des potences, la quille en l'air, comme les chaloupes des navires de Terre-Neuve ; l'armement eût été expédié à part. On aurait adjoint à chaque navire de transport un canot à vapeur.

Quant aux chalands en tôle, la longueur du travail des rivets et le redressement des plaques faussées demandaient plus de temps que la construction d'une gabare en bois sur les lieux. D'ailleurs, les chalands sont les moyens de transport qu'on ne peut employer que dans les ports et les rades sur une distance de quelques centaines de mètres, mais dès qu'on arrive dans une rivière un peu longue, comme ils ne marchent ni de l'avant ni de l'arrière, c'est comme si on les envoyait à la découverte de l'Amérique. Il est bien certain que ce ne sont pas des officiers de marine qui ont donné le conseil de les employer. En présence d'une navigation de 200 kil. dans un fleuve et une baie exposée au gros temps, on aurait pu consulter des officiers généraux de la marine ou même des marins plus humbles.

Débarquement.

Le débarquement des approvisionnements s'est fait de la manière la plus déplorable. On a compté sur un appontement aussi mal combiné que possible pour le déchargement de seize transports. Il aurait fallu seize petits appontements le long de la côte ; ils auraient été desservis par seize chaloupes qu'on pouvait se procurer facilement à la Réunion.

Lorsque les escadres anglaise et française se présentèrent en Crimée pour débarquer les deux armées, l'organisation du débarquement fut faite par les deux chefs d'état-major des escadres. Le contre-amiral Bouet dirigeait le débarquement des troupes françaises ; dans la journée, toute l'armée fut mise à terre avec vivres et munitions pour huit jours et sans accident.

En 1830, il en fut de même à Staouëli, pour la conquête de l'Algérie.

Mais pour Majunga où il y avait 20.000 hommes à mettre à terre, soldats et coolies compris, avec un matériel et des approvisionnements considérables, on a trouvé qu'un intendant de l'armée suffirait. On ne s'est même pas occupé de trouver un point de débarquement, quand il y avait dans la station des officiers qui, assistés des maîtres d'équipage, en auraient trouvé dix situés plus en amont dans la rivière, c'est-à-dire à 15 ou 20 kilomètres plus en amont que Majunga. Les navires allégés d'une partie de leur chargement, y seraient arrivés, le débarquement se serait fait bien plus vite et l'on aurait évité beaucoup de route à faire et de fièvres.

Si la marine avait été chargée de cela, on aurait expédié de France douze vieux navires de guerre pour servir de pontons de débarquement ou magasins flottants, et, avec quelques madriers, on les aurait reliés facilement aux appontements. On aurait trouvé facilement ces navires dans la rivière de Landeveunec, dans le Scorf et dans le fond des autres ports ; on les aurait remorqués, mais tous auraient porté un bon chargement de matériel ou de vivres.

Ces vieux navires rendront plus de services en pourrissant dans la rivière de Majunga que dans les ports de France. Tôt ou tard on sera obligé d'en arriver là, car il faudra dans la rivière un stationnaire servant de dépôt d'hommes, des pontons d'accostage, des dépôts de charbon et autres, des postes pour la sûreté de la rivière, des casernes flottantes pour les troupes de passage.

Entrée en campagne.

Il y avait, en entrant en campagne, trois luttes à soutenir : le besoin de bœufs, les routes et l'opinion publique.

Les bœufs. — Pour les bœufs, en les

faisant venir de la Réunion ou de Zanzibar, on pouvait s'en procurer, ainsi que des moutons d'Afrique, d'Obock ou d'Aden. Dans le pays, on pouvait, par des colonnes volantes, razzier le pays et rançonner tous les villages hovas, en les obligeant à donner des bœufs, sous peine d'expulsion, ce qui a été fait bien souvent en Algérie.

Les routes. — Il y a deux espèces de routes, celles des marais et celles des plateaux. Pour les marais, il faut des terrassiers et des pontonniers; pour les plateaux, il faut des mineurs. On aurait pu faire venir d'Alger ou de Constantine des escouades de mineurs italiens. Ces escouades sont composées de cinq hommes : le tâcheron, qui est le chef, et les quatre ouvriers. Tous ces ouvriers auraient avancé le travail des routes dans les pays abrupts et auraient travaillé aux chemins de fer ; c'est leur métier, ils ne font que cela en Espagne, en Portugal et dans la Plata. Ils ont tous leurs outils avec eux, ce qui est très important. Et pour la colonisation il y a un autre avantage : c'est qu'ils amènent avec eux des femmes et des enfants blancs qui font souche dans le pays.

Opinion publique. — Lorsque les Français sont arrivés à Madagascar, il y avait à se gagner la sympathie de la population soumise aux Hovas, afin de séparer complètement les peuplades de l'autorité des Hovas. L'opinion des peuplades soumises ou non soumises aux Hovas est celle-ci : les Français ont toujours été vaincus par les Hovas ; si nous aidons les Français, les Hovas, qui seront victorieux, useront de représailles envers nous; par conséquent, tenons-nous calmes et refusons aux Français tous les approvisionnements en vivres, comme le veulent les Hovas. Ceci est de la guerre aux bœufs et à l'opinion publique.

Si, en débarquant, on avait fait une proclamation établissant clairement que la France venait détruire l'administration des Hovas et la remplacer par l'administration française, toutes les peuplades se seraient ralliées à nous. Il était important de faire connaître à tous que nous venions prendre possession de l'île et remplacer l'administration des Hovas par l'administration de la France. Toutes les peuplades auraient eu le courage de se mettre contre les Hovas.

Au lieu de cela, les poltrons de France, qui ont les mains libres et ne veulent pas en profiter, ont fait mettre dans tous les journaux qu'on ne voulait qu'un protectorat. La proclamation du général commandant en chef établit que l'on vient uniquement pour obliger les Hovas à tenir leurs engagements. Cela veut dire que, lorsqu'on aura traité avec les Hovas, on les laissera gouverner les peuples sous la surveillance de la France. De sorte que toutes les peuplades retomberont en contact avec les Hovas. C'est là ce qu'elles craignent le plus ; aussi elles ne se mettront jamais contre les Hovas, tant que ceux-ci auront de l'autorité.

Il est indispensable que tout le monde sache que la France vient à Madagascar établir son autorité unique, sous une forme ou sous une autre, mais sans l'intermédiaire des Hovas. Toute la question de se concilier les sympathies des peuplades est là : suppression de l'autorité des Hovas.

Population de l'île.

Comment est composée la population de Madagascar ? De quatre espèces de peuples complètement différents, sans compter les petites peuplades inconnues. De tous ces peuples, les uns sont restés soumis aux Hovas et les autres, en plus grand nombre, n'ont jamais été soumis.

Les Hovas forment la peuplade la plus intelligente, mais aussi la plus féroce ; leurs villages sont éparpillés dans l'île et, partout où ils ont des villages, ils ont l'autorité. Les habitants leur obéissent en tous points, parce qu'ils redoutent leur cruauté. Dans d'autres pays, les habitants ont refusé de leur obéir et sont en lutte continuelle avec eux ; c'est ce qui a obligé ceux-ci à avoir des points fortifiés contre les Sakalaves.

Les Sakalaves occupent la plus grande partie de l'île. Les uns sont soumis aux Hovas et les autres luttent; tous sont de véritables sauvages, moins féroces que les Hovas, mais aussi voleurs. Ils ont fait bien des incursions à Nossi-Bé ; il est bon de s'en méfier.

Les Fayvalos habitent la côte Ouest. Ils forment une peuplade de pillards, qui ne craignent ni les Hovas, ni les Sakalaves, qu'ils viennent piller pendant l'été. Les Hovas n'ont aucune autorité sur eux ; au contraire, ils en ont peur et ils sont dans l'impossibilité de protéger tout voyageur qui se hasarderait dans le pays.

Les Betanimen et les Betzimitsaraks occupent la côte Est. Ces peuplades sont très indépendantes et, quoique quelques-unes subissent l'autorité des Hovas, la plupart ne l'ont jamais reconnue et s'en sont complètement affranchies.

Que faire avec une population ainsi composée ? Il n'y a pas de protectorat possible, qui protègera-t-on ? Un pouvoir, il n'y en a pas. Veut-on établir les Hovas gouverneurs de l'île? Cela est impossible, toutes les populations les détestent. Les Français ne seraient venus que pour soumettre l'île entière aux Hovas et mettre les gendarmes français à leur disposition, avec la haine de la France partout.

Que faut-il faire ?

Il faut anéantir l'administration des Hovas, lui substituer l'administration française directe, sous quelque forme que ce soit. Quant aux Hovas, l'important est de s'en débarrasser le plus vite possible, afin de détruire dans l'opinion des Malgaches toute crainte de les voir revenir au pouvoir et user de représailles.

On peut bien envoyer la reine faire une cure de six mois à Salazie (île de la Réunion) ; on peut payer un voyage circulaire de deux ans en Algérie aux personnages des 12 honneurs; on peut expulser les individus dangereux. Quant aux villages, comme ils inspirent la terreur et la crainte des Hovas, partout où ils sont, on peut en chasser les Hovas, comme on chasse les douars en Algérie, et les réunir dans une province de l'île où ils seront soumis à l'administration française directement, mais complètement séparés des autres peuplades de l'île auxquelles ils inspirent la terreur. Avant tout, il faut que toutes les peuplades soient bien convaincues que jamais elles ne retomberont sous le pouvoir des Hovas, soit directement, soit indirectement, parce qu'elles redouteront plus la férocité des Hovas que l'administration bienveillante des Français, qui est connue de tous à Nossi-Bé et à Mayotte.

Que se passera-t-il à l'entrée des troupes françaises à Tananarive ? Le premier jour on aura un combat à livrer ; le lendemain on occupera la ville sans difficulté ; les Hovas se sauveront dans toutes les directions et toutes les populations se mettront à leur poursuite pour les piller, les massacrer et user de représailles.

Plusieurs chefs l'ont dit et le mouvement commence à s'accentuer à Fort-Dauphin, où les habitants ont bloqué les Hovas.

Si l'on doit être impitoyable avec les Hovas, il y a quelques ménagements à prendre avec les chefs des peuplades : ce sont des sauvages sous toutes les formes, on doit les traiter ainsi. Laisser à chaque chef sa petite autorité; ne faire aucun traité perpétuel, mais des arrangements limités à deux ans, sans cela on se lierait les mains quand elles sont libres. Dans les premières années, les exempter d'impôts et, à la place, exiger d'eux l'établissement de chemins. Il n'y en a nulle part. Ces colonies-là ne peuvent se dominer que par la gendarmerie à cheval. Que peuvent faire les gendarmes sans route ? Comment envoyer des troupes réprimer une révolte sans route ? C'est la première chose à faire après la prise de possession et la plus importante pour établir les relations commerciales.

Pour nous attacher ces populations, le moyen le plus puissant est de répandre la connaissance de la langue française chez les enfants, et c'est par les chemins qu'on y arrivera.

Recrutement du corps expéditionnaire.

Lorsqu'on s'est décidé à faire la campagne de Madagascar, on s'est occupé uniquement de trouver des guerriers de bonne volonté, qui ne craindraient pas d'affronter les fièvres. On s'est très peu soucié de la colonisation. On pensait qu'on allait avoir des lauriers à gagner et l'on n'a pas voulu supposer que les positions des Hovas, sur lesquelles il n'y avait pas de doute à avoir, seraient toujours tournées et enlevées sans un coup de baïonnette.

Maintenant à quoi servent tous ces beaux guerriers ? A rien qu'à prendre leur part de la fièvre. On est en présence de la colonisation qu'il faut commencer et mettre en train le plus vite possible, et l'on n'a rien pour le faire.

On demande 400 hommes du génie; c'est dire qu'on a oublié le principal. Si l'on avait formé le 200e régiment d'hommes pris parmi ceux qui avaient un métier dans les mains, on aurait eu des ouvriers en bâtisse. On aurait très bien réussi à recruter ce personnel, qu'on aurait mis sous les ordres du génie militaire ou laissé travailler en ville, et qui, n'ayant pas rendu de services pour la campagne, auraient rendu des services pour la colonisation. Sans compter que beaucoup de ces hommes, une fois congédiables, seraient restés dans le pays pour y gagner de l'argent, comme ont fait plusieurs hommes de la compagnie d'infanterie de marine qui gardait la résidence.

On peut réparer cet oubli en ne prenant comme troupes de réserve que des ouvriers en bâtiments. On fera ainsi concurrence à tous ces aventuriers qui vont venir et établir des prix très élevés. Tous ces hommes gagneront de l'argent chez l'habitant et ne s'en plaindront pas.

Que sont les soldats du génie ? Des soldats généralement de maigre apparence qui sont presque tous serruriers, chaudronniers et même plumitifs. Aucun d'eux ne serait, même en France, en état de faire le métier de terrassier pendant huit jours sans cracher le sang, et on les a mis à ce métier-là sous le climat de Madagascar. On connaît maintenant le résultat, et l'on en demande de nouveaux.

Ce n'est pas 400 hommes du génie qu'il faut : il sont à peine capables de surveiller les routes ; ce sont 2000 marocains recrutés à Alger ou à Tanger et 400 Italiens avec leurs familles pour les mines.

En Afrique, les Marocains font tous les travaux de la terre, vignes, routes, chemins de fer. Ils sont très forts et très faciles à mener. Il en faut pour faire des routes pendant plusieurs années. Quant aux mineurs Italiens, ils travaillent dans tous les pays et l'on aura besoin d'eux pendant dix ans.

Il serait peut-être bon de remplacer les troupes fatiguées par des troupes fraîches qui laisseraient aux Marocains et aux Italiens le travail et la fatigue des routes.

Colonisation.

Pour coloniser un pays sauvage, il faut trois choses : des chemins de fer, des pères et des sœurs, et enfin de l'absinthe.

Les chemins de fer apportent la civilisation partout où ils passent. Ils rendent les communications faciles, suppriment les attaques, mettent les pays arriérés en rapport avec les gens civilisés, établissent les relations, facilitent les rapports, et enfin, en supprimant la fatigue des hommes et des animaux, ils les mettent à l'abri des fièvres et de la mortalité ; c'est là ce qui se passe en Espagne.

Les frères et les sœurs enseignent aux enfants la langue française, qui est la langue des amis, et suppriment ainsi aux enfants des prononciations barbares, qui entretiennent dans les esprits des idées encore plus barbares, et qui ne sont pas celles des gens civilisés.

Les frères instruisent très bien les enfants, et ils ont un autre avantage, c'est de former des ouvriers de tous les états ; les sœurs forment des ouvrières. De sorte qu'en dix ans, on peut avoir un petit noyau d'hommes et de femmes parlant bien le français et pouvant rendre des services chacun dans son métier.

Les pères sont indispensables pour les Européens et les gens plus âgés. On en tirera un très bon parti en leur donnant des concessions agricoles comme on en a donné aux trappistes de Staouëli, près d'Alger, et dans d'autres pays.

Pour Tananarive et les autres grandes villes, il faut le clergé français. Il suffit pour cela de désigner un des aumôniers de l'armée ou de la flotte, qui ne soit pas d'un ordre religieux, et de lui adjoindre quelques prêtres.

Quant à la population sauvage plus âgée, on réussira par l'absinthe, comme on a réussi en Algérie, où les mahométans abandonnent le Coran pour l'absinthe.

En France, l'usage de l'absinthe porte au cerveau et attaque l'intelligence; dans les pays chauds, il n'en est pas de même. Lorsque, venant de France, on débarque à Oran, le matin, et qu'on entre dans un des grands cafés de la place, on aperçoit trente tables sur chacune desquelles il y a une bouteille et quatre verres. Vous demandez au garçon qu'est-ce que c'est que cela ? — Monsieur, c'est l'absinthe. — Comment, en France si vous demandez un verre d'absinthe, on verse et l'on emporte la bouteille. — Monsieur, ici, chacun se sert à volonté, et on compte à chaque personne deux, trois, quatre verres d'absinthe, c'est-à-dire autant de perroquets bien accentués. Personne n'en est malade.

En Algérie, les chemins de fer arrêtent à toutes les stations ; à chacune d'elles, vous trouvez le tonneau d'absinthe, les brioches, les œufs durs avec du gros sel et le verre de Madère. Tout le monde mange, tout le monde boit, et on ne s'en porte pas plus mal. Il en sera de même dans l'île malgache.

Étant donné qu'il faut des routes et des chemins de fer, le plus tôt possible pour diminuer les chances de fièvre, il serait peut-être utile de commencer les travaux de la voie à l'endroit où la rivière cesse d'être navigable en été, afin d'arriver plus vite à Tananarive. Ce point de départ serait relié à Majunga par le service fluvial. Mais il est certain que la route de Vatoumondry sera bien plus courte pour les relations avec la Réunion, surtout dans la saison sèche.

L'île entière est habitée uniquement par des gens de couleur. Les Européens ne sont qu'en très petit nombre et la colonisation ne peut se faire que par la race blanche. Il est reconnu maintenant que certaines troupes noires venues du Sénégal et d'autres pays de l'Afrique, résistent moins bien à la fièvre que les troupes blanches qui ne sont pas surmenées.

Il est également établi que les plateaux sont sains toute l'année ; il y a donc avantage, pour la colonisation, à congédier peu à peu les troupes noires et les remplacer par des troupes blanches, que l'on établira sur les plateaux; mais on pourra, sans crainte, les envoyer dans les pays bas pendant deux mois de l'hivernage.

Le service des pays à fièvres serait fait par les Sakalaves, renforcés par des troupes européennes qu'on relèverait fréquemment.

Pour la colonisation, le moyen le plus puissant est la génération, Il n'y a pas de colons sans cela.

Où il y a des hommes, il faut des femmes. Il n'en manque pas dans le pays, mais ce sont des négresses ou femmes de couleur. Leurs produits masculins sont tous des êtres haineux et révoltés contre les blancs, et l'on arriverait bien vite au résultat de Saint-Domingue.

Il faut donc avoir recours aux femmes européennes, car, sans génération, il n'y a pas de colonisation, il n'y a que l'occupation militaire, comme font les Anglais à Aden et dans l'Inde. Ce n'est pas cela qu'il nous faut.

Où trouvera-t-on des femmes blanches ? On en trouvera en Algérie et en Tunisie, dans les familles espagnoles et italiennes dont toutes les filles sont autant de poules qui n'attendent que des maris.

Les chefs de maison sont généralement des muletiers, des mercantis ou des ouvriers quelconques, qu'on pourrait engager à des conditions avantageuses, et ils feraient bien vite souche dans le pays. On leur donnerait le passage, le logement, une concession pouvant les faire vivre et les vivres du gouvernement, pour toute la famille, pendant deux ans, avec droit de retour en Europe. Cette avance serait d'un certain prix, mais on verrait, au bout de dix ans, une foule de petits colons des deux sexes, qui n'auraient pas coûté de frais de transport au gouvernement et qui paieraient des impôts. C'est pour éduquer cette clientèle qu'il faudra des Pères, des Frères et des Religieuses. C'est par eux que l'on arrivera à établir l'influence de la France et à nous attacher les diverses peuplades.

Il serait bon de donner à chaque chef de famille une gratification de 500 francs pour exiger de lui la francisation pour lui et ses enfants.

Il y a plusieurs autres moyens d'amener des Européens dans une colonie.

Le premier consiste à envoyer des troupes françaises dans les parties salubres de l'île et, si les hommes ont un état dans la main, plusieurs d'entre eux se fixeront dans le pays et formeront, ce qu'on appelle en Algérie, les colons du général Bugeaud, qui sont reconnus dans le pays comme les meilleurs. Tout soldat qui a fait deux ans de service dans les colonies doit avoir droit de rester dans le pays, logé et nourri de la nourriture du soldat, en nature ou en espèces, pendant deux ans, avec facilité de revenir en France gratuitement.

Les légionnaires profitent des mêmes avantages, à l'expiration de leurs cinq ans de service.

Deuxième moyen. — Le bataillon d'Afrique. Tous ces hommes ont une certaine énergie et souvent de la valeur; ils rendront de très grands services dans les terres salubres et contribueront, en large part, à la culture; ayant presque tous quelque chose à se reprocher, ils trouveront facilement le moyen de se réhabiliter et de gagner leur vie. Même pendant leur service ils gagneront, chez l'habitant, de quoi se procurer un peu de bien-être.

Les hommes des catégories précédentes arriveront tous à la situation suivante : tôt ou tard ils feront la connaissance d'une jeune italienne ou espagnole et, à la fin de leur engagement, ne tenant pas à retourner dans leur pays et trouvant de l'argent à gagner avec la perspective d'être logé et nourri pendant deux ans, ils resteront dans l'île, et l'on aura des colons blancs et à bon marché.

La *troisième catégorie*, est celle des insoumis, qui vivent à Barcelone, à Pampelune, à Gênes et à Jersey, qu'ils peuplent à nos dépens.

Pourquoi ne pas leur accorder leur grâce à la condition de quatre ans de séjour aux colonies avec faculté d'aller en France avec autorisation? Ce sera une source nouvelle de population pour la colonie.

La *quatrième catégorie* est celle des faillis, qui vont peupler Jersey et l'Amérique, où ils acquièrent la haine de la France. Tous ne sont pas malhonnêtes. On peut très bien faire faillite et être un parfait honnête homme : le tout est de savoir se tirer d'affaire et éviter le tribunal. Les faillis sont condamnés à un an ou deux ans de prison. Pourquoi les obliger à aller peupler les pays étrangers. quand on a des colonies françaises à peupler? On pourrait exiger des individus condamnés à un an de prison, deux ans de séjour à Madagascar ou en Algérie, et les autres à quatre ans, avec facilité d'aller passer un mois en France, avec autorisation.

Cinquième catégorie. — Les détenus sont envoyés en Nouvelle-Calédonie et en Guyane, où on leur fait une situation telle que, travaillant chez les colons, ils sont admis à leur table et sont souvent plus heureux que leurs gardiens et que les soldats. Pourquoi ne pas en envoyer à Madagascar? Ils ne seront peut-être pas plus mal traités.

Sixième catégorie. — Les colons embauchés dans les départements de l'Hérault, du Gard et des pays basques. Les habitants de ces pays, habitués aux climats chauds, résistent très bien au climat de l'Afrique. Le tout est de faire une avance pour les expédier en nombre suffisant, et les faire accompagner par leur curé, leurs frères et leurs sœurs, qui instruisent les enfants. En leur donnant leur concession à quelques kilomètres de Tananarive et leur donnant leurs vivres pendant deux ans, leur existence serait assurée, et une fois la première agglomération établie, les autres habitants suivraient sans crainte.

Il ne faut pas négliger comme cultivateurs les ordres religieux, et se souvenir de ce qu'ont fait les trappistes à Staouëli. Ces compagnies vivront sans besoin de secours, avec leur ferme, élevant des bestiaux. Leurs fermes deviendront des centres de reproduction.

Il y a encore les jardins des troupes ; ils peuvent former un bon appoint à la culture, qui est le point important pour détruire la fièvre. Ces jardins pourraient servir à entretenir des troupeaux de toute espèce, bœufs, moutons et porcs de Cochinchine. La nourriture du soldat deviendrait moins dispendieuse.

Outre ces moyens de colonisation, que de bureaux de tabacs à donner dans un pays grand comme la France ; que de recettes buralistes et autres ; que de douaniers ; que d'employés de l'octroi, des contributions et autres de toute nature à doter !

Culture, déboisement et comblement des marigots, telles sont les trois résultats à atteindre pour se préserver des fièvres.

Ce que l'on aurait pu faire.

Si à l'époque où les premières troupes ont été expédiées par le *Shamrock*, on avait envoyé en même temps le général en chef prendre connaissance des lieux et qu'il ait été assisté d'un état-major d'officiers du génie, d'artillerie et de chirurgiens et aidé du commandant de la station navale, il n'aurait pas été longtemps sans voir qu'il n'y avait pas à Majunga assez d'espace pour recevoir 12.000 hommes même en se marchant sur les pieds ; et qu'il n'y avait pas place pour établir des baraquements ; que les moyens de transport et de débarquement étaient nuls et qu'au lieu de débarquer 12.000 hommes dans un nid à fièvre long de près de 200 kilomètres, et impraticable momentanément pour la navigation, il valait mieux éparpiller les troupes jusqu'à ce que les routes et moyens de transport fussent établis.

On aurait débarqué 2.000 hommes à Diégo-Suarez pour le débloquer jusqu'à dix lieues dans l'intérieur, où l'on aurait construit un retranchement.

On aurait pu faire de même à Tamatave, à Fort-Dauphin et à Saint-Augustin. Tous ces pays auraient eu des communications avec l'intérieur de l'île et auraient pu se procurer de provisions. On n'aurait pas vu Tamatave qui soupire après sa délivrance, privé de vivres et ne recevant de communications qu'avec la Réunion une fois par mois, tandis que si l'on avait établi un service de navire à voiles, brick ou petit trois-mâts, avec un seul navire on aurait pu faire deux ou trois voyages par mois, ce qui aurait entretenu Tamatave de vivres.

Un navire à voiles met deux jours pour aller de la Réunion à Tamatave et sept jours de Tamatave à la Réunion, de sorte que, tous les douze jours, on aurait reçu des munitions, des provisions et l'on aurait même eu un service de passagers et de commerce. C'est là ce qu'il faudra établir plus tard quand on aura reconnu qu'il faut des communications avec la Réunion par Vatoumondry ou Tamatave.

On aurait pu facilement se convaincre que l'expédition devait être tentée à la fois par Tamatave ou Vatomondry et par l'Ibsiboka, et l'on aurait bien vite reconnu qu'il valait mieux, dans ce pays, abréger les distances que de les allonger, et que cinq jours de forêt valaient mieux que plusieurs mois de marais.

Au lieu de diriger toutes les troupes sur Majunga, on aurait gardé les vapeurs affrétés à Diego-Suarez, et l'on aurait fait venir les navires à Tamatave au fur et à mesure de la place qu'on aurait eu pour les facilités de déchargement. On aurait établi à Tamatave des appontements dans les palétuviers, bien plus facilement que sur les coraux de Majunga, où il n'y avait ni place ni moyen de débarquement.

Service des transports.

Que lisons-nous dans les journaux? L'expédition marche bien, mais lentement. On est arrêté par le manque de remorqueurs et l'on est obligé de fournir le corps expéditionnaire par des charrettes qui mettent huit jours pour faire le trajet de Majunga à Suberbieville. On aurait pu remédier à cela très rapidement.

Pourquoi ne pas envoyer 25 gabares de 30 tonneaux et y joindre 25 canots à vapeur. En commandant six gabares dans chaque port, on peut les avoir en huit jours et les expédier en chemin de fer à Marseille. On les expédierait dans le plus simple appareil pour diminuer le poids et l'on y adjoindrait les accessoires, mât, voile aurique, les seules bonnes dans les rivières, teugue du gaillard d'avant pour coucher deux hommes, teugue du gaillard d'arrière pour coucher deux hommes et petits passavants larges de 50 c/m, pour relier l'avant à l'arrière de chaque bord, ainsi que tout l'armement.

Quant aux 25 canots à vapeur, on peut les trouver dans les ports, ou au besoin en faire un premier envoi en attendant le second. Dans les fleuves, il n'est pas nécessaire d'avoir de puissants remorqueurs capables de porter un fort approvisionnement de charbon; il suffit qu'ils aient un peu de force pour aller contre les brises fraîches. Quant au charbon, on peut en établir des dépôts à toutes les pointes.

Quand les gabares transporteront les approvisionnements avec leurs voiles et à l'aide des canots à vapeur, on verra la différence de prix, de temps, de fatigue et de fièvre.

Il serait bon de donner à ces gabares la voilure de celles de la rade de Brest et d'expédier en même temps des patrons et brigadiers pris parmi les patrons de Plougastel, Tinduff, Lanveoc et Camaret, tous marins, habitués à la navigation de la rade de Brest et de la rivière de Châteaulin, qui ont beaucoup de ressemblance avec les rivières de la baie de Bombetok. On compléterait l'équipage au moyen de deux nègres du pays ou de Maurice ou de la Réunion. Il est très probable qu'ils trouveront en peu de temps de nombreux bancs d'huîtres très bonnes.

On pourrait, au besoin, ne pas calfater les gabares en France, parce qu'elles arriveront à Majunga tellement desséchées par la chaleur, que les calfats n'auront pas à ouvrir les joints des bordages et feront le calfatage plus facilement.

Pour que ce service puisse fonctionner utilement, on sera obligé d'établir aux principales pointes, à une distance de 25 kilomètres les uns des autres. des postes d'étape où il y aurait des vivres, du charbon et des canots à vapeur pour donner assistance aux gabares prises par le calme ou par les vents contraires. Il sera également indispensable d'établir, de distance en distance, un service de grandes chaloupes ou péniches, calant peu d'eau, et armées à l'avant d'un canon et à l'arrière de quatre pierriers, comme les lanches de la rade de Manille. Ces péniches sont montées par 24 hommes et 1 officier ; elles arment 20 avirons qu'on pourrait remplacer par une petite hélice. La chambre de l'officier est derrière. Elles peuvent servir pour la protection des côtes, pour la police ou pour la douane et encore pour donner des secours aux navires échoués: 2 voiles et 1 foc.

Il est certain que dans peu de temps, ce n'est pas 50 gabares mais 200 qu'il faudra ; il faudra des chaloupes de peu de tirant d'eau, mais naviguant à la voile ; des bélandres comme celles de Dunkerque ; des mouches de la Seine pour les passagers ; des bateaux de passage comme les fallouches de la rade de Rio, et enfin des services de vapeurs.

Grandes communications.

D'après la marche que suivent les évènements, il paraît certain qu'il est important d'établir, le plus tôt possible, un service transatlantique hebdomadaire. Il y aura toujours à expédier de France des approvisionnements, des passagers et des colons. Il y aura aussi à expédier de Madagascar des malades ou des troupes à rapatrier. La question de dépense est aussi à considérer. Il coûtera moins cher de subventionner une ligne que d'affréter continuellement de nouveaux navires, qui n'auront pas de fret de retour et dont les frais de surestarie seront toujours très élevés

Les communications avec La Réunion, Maurice et Zanzibar seront ainsi bien plus faciles. Tous les quinze jours, le service pourrait se faire par Maurice et La Réunion, Tamatave et Fort-Dauphin et tous les quinze jours par Zanzibar et Majunga et Saint-Augustin.

Toujours la colonie de Madagascar aura besoin de Zanzibar, Obock ou Tadjouri, Aden et même Bombay et le Cap. Sans s'occuper de ces deux derniers pays, on trouvera toujours dans les autres des bœufs porteurs, des chameaux qu'on sera obligé d'employer avant peu, et des moutons en quantité. La viande de mouton est la meilleure pour le troupier en campagne ; elle est plus grasse que celle du bœuf et il y a moins de déchet parce que les os sont plus petits. Après le lard salé, qui ne donne pas de soupe, le mouton est la meilleure nourriture. A Aden, on paie un mouton cinq francs. On dit qu'ils ne peuvent pas vivre à Madagascar; l'important n'est pas qu'ils vivent longtemps, il suffit qu'ils vivent jusqu'à l'abattoir. Pour cela, il faut un service régulier et fréquent. On avait installé pour la Cochinchine un service de transports de l'Etat pour les troupes et les malades. Pourquoi n'a-t-on pas fait de même pour Madagascar? Jamais les soldats malades rapatriés ne seront aussi bien soignés que sur les transports de l'Etat, disposés pour eux. Tous sont à l'abri dans le faux-pont ; tous ont une couchette ou un hamac. Au lieu de cela on les embarque sur les navires affrétés, comme passagers de pont, grelottant la fièvre.

Route de Vatoumondry.

La route de Tananarive par Tamatave était beaucoup plus courte que celle de Majunga. Il y a sur celle-ci 200 kilomètres de chemin à faire sur l'eau ; mais combien a-t-il fallu de temps pour faire ces 200 kilomètres ! Six semaines ou deux mois, et maintenant que l'on va arriver aux plateaux, on marchera certainement plus vite, si toutefois les transports par eau sont mieux organisés.

On ne pouvait pas établir à Majunga un corps d'armée de 12.000 hommes; il n'y avait pas de place. On n'a même pas pu laisser débarquer les négociants utiles aux corps expéditionnaire, ni leur donner une place sur les plateaux qui dominent l'ancienne ville. On aurait pu débarquer à Tamatave et ensuite faire une petite expédition par là ou par Vatoumondry qui est la route la plus courte. Si l'on est obligé de faire des chemins dans un pays où il n'y a que des sentiers, il est évident qu'il vaut mieux n'en avoir à faire que 165 kilomètres au lieu de 450. Il est également certain que les chemins en terre ferme sont plus faciles à faire que dans les marais. L'agglomération de troupes à Majunga étant gênante et même dangereuse pour la santé des troupes, on aurait pu envoyer une petite partie du corps d'armée à Tamatave. On aurait vu de suite de quel côté on réussirait le mieux. La question était de savoir s'il valait mieux exposer les troupes aux fièvres de marais pendant plusieurs mois ou les exposer pendant cinq jours à celle des bois où l'on aurait pu faire rapidement des abatis. C'était un essai à tenter et l'on aurait bien vite reconnu qu'il est plus facile de travailler dans les montagnes que dans les marais.

De Tamatave à Tananarive, la route traverse la forêt obliquement. A Vatoumondry elle va directement à Tananarive et la traverse dans sa plus petite largeur; c'était donc là qu'il fallait essayer de marcher comme étant la route la plus courte.

Cette route a été prise par les sœurs, les pères jésuites et les derniers colons qui ont quitté l'île. C'est là que les Hovas ont établi leur télégraphe et leurs relations avec la mer pour recevoir les navires de la ligne du cap de Bonne-Espérance. C'est par cette route que les officiers ou aventuriers anglais ont débarqué, et se sont rembarqués ; c'était au connu de tous la route la plus directe. C'est de là qu'après avoir dégagé Tamatave avec deux mille hommes, on aurait dû faire marcher 3.000 hommes sur Tananarive; au bout de quinze jours on aurait vu le résultat! et l'on aurait pu s'arrêter ou avancer. Quant à la facilité de débarquement, si les vapeurs anglais peuvent débarquer leur chargement, nous pouvons débarquer les nôtres. Il est bien facile de construire deux ou trois appontements dans les palétuviers, on aurait gardé des navires affrétés à Diego-Suarez et on les aurait fait venir successivement suivant les besoins et suivant l'apparence du temps.

Navigation de la baie et de l'Ipsiboka.

Dans quelque temps, toutes les communications avec Madagascar se feront par Vatoumondry, qui est le point le plus rapproché de Tananarive et où l'on fera en peu de temps les travaux d'art nécessaires au débarquement.

Pour les marchandises, tout se fera par Majunga et les rivières Ipsiboka ou Ipoka qui viennent très près de Tananarive, et que l'on sera obligé de canaliser, les voies fluviales étant les plus économiques pour le transport des grosses marchandises.

Tous les transports de la guerre se feront par là : les transports de troupes aussi ; pendant l'hivernage les navires seront bien plus en sûreté que sur n'importe quelle rade de la côte Est. C'est donc là qu'il va s'établir une navigation très importante. Comme avant plusieurs années il n'y aura de routes et de chemins de fer nulle part, tous les transports se feront par la voie fluviale.

C'est le moment pour les constructeurs de petits navires de venir se présenter pour faire fortune.

Il faudra :

1° 400 gabares comme celles de Brest et de la côte Nord de Bretagne.

2° Des bélandres comme celles de Dunkerque, pour le haut de la rivière.

3° Des bateaux plats calant deux pieds d'eau et allant à la remorque. Des bateaux de passage comme ceux de Toulon pour traverser la rivière.

4° Des fallouches à deux voiles avec abri pour les voyageurs comme celles de la rade de Rio pour la baie de Bombétock.

5° Dix services de bateaux à vapeur pour les divers points du bas de la rivière.

6° Des mouches de la Seine pour la partie haute du fleuve.

7° Des remorqueurs comme ceux de la basse Seine avec leurs roues à l'arrière, pouvant servir à la fois de porteurs et de remorqueurs.

8° Un service de vapeurs pour Saint-Augustin, un autre pour Zanzibar et un autre pour Diégo-Suarez et les îles Comores.

9° Douze chantiers de navires en bois.

10° Des chantiers de construction de navires en fer.

11° Des usines pour réparer les machines à vapeur.

12° Des dépôts de charbon.

13° Des restaurants et hôtels pour éviter aux voyageurs de coucher dans les bateaux et leur procurer des vivres.

14° Des auberges pour les marins.

15° Un service postal rapide.

16° Un commandant de la marine, capitaine de vaisseau, comme il y a un capitaine de frégate au Sénégal.

17° Trois lieutenants de vaisseau, directeurs du port, rendant les rapports faciles avec les officiers de l'armée pour les transports des troupes et du matériel, et établir de l'ordre dans les remorqueurs et les dépôts de charbon.

18° Des appontements partout pour le déchargement des chalands et des gabares.

19° Un service de pilotage ou de lamaneurs.

20° Des dépôts et fabriques de briques ; des carrières de chaux, de plâtre et de pierres.

21° Des paroisses.

22° Des instituteurs de langue française (1).

---

(1) Niger. — Ce qui vient d'être dit pour la rivière de Majunga est applicable au Niger. Ce fleuve a un parcours de 400 lieues ; il est bien plus important que le fleuve du Sénégal et que celui de Majunga. On sera obligé d'y établir un service maritime bien plus important qu'à Saint-Louis. La colonisation du Niger ne peut se faire que par le chemin de fer de Kayès. Fini ou non, tous les matériaux prendront cette voie.

Il faut, au point de jonction du chemin de fer et du Niger, des chantiers de construction de navires en bois, de navires en fer, de machines et chaudières. Ce n'est que par ce moyen qu'on colonisera cette vaste route du Niger. Il faudra aussi des chantiers semblables près de Tombouctou et à Boussa.

Il faudra des porteurs de la Seine, des vapeurs à roues et à grande vitesse, comme ceux du Rhône, pouvant filer 15 milles à l'heure ; des gabares à voiles de toute espèce et des péniches de 24 avirons, armées en guerre pour escorter les convois et tenir en respect les habitants des rives.

C'est par les péniches que l'on dominera les rives du fleuve qui sont encore au pouvoir des Touaregs. Chaque

En somme, pendant dix ans, toute la colonisation devra se porter sur la rivière de Majunga et, par le fait, elle aura toujours dix ans d'avance sur les autres parties de l'île.

En France, toute cette organisation est dans les mains des ponts et chaussées ; dans les colonies, c'est la marine qui la dirige. Puisque tôt ou tard ce service reviendra à la marine, pourquoi ne pas l'établir de suite, cela rendrait service à l'expédition qui est loin d'être terminée ; cela n'empêchera pas l'administration de la guerre de se servir des chalands qui ne marchent pas, des canonnières inutiles et des trois vapeurs loués à Natal et à Zanzibar.

Où en sommes-nous, aujourd'hui 21 juillet?

Nous apprenons que l'on a été obligé d'affréter trois petits vapeurs de Zanzibar et de Natal pour transporter le matériel à quelques lieues de Majunga. Où en sommes-nous

---

péniche porte 25 hommes d'équipage et 1 officier, mais elle peut porter, en outre, 25 soldats, ce qui porte l'armement à 50 hommes. Avec deux péniches et quelques pirogues, on peut faire une expédition de 150 hommes.

Mais pour cela il faut que les péniches aient avirons, voiles et petite machine.

Il faudra également de distance en distance des dépôts de charbon, de ravitaillement, des hôtels et des lieux de couchage pour les troupes.

Tant que ce service ne sera pas établi, la colonisation du Niger ne sera pas possible.

réduits? Nous avons recours aux étrangers, quand il eût été si facile d'expédier de France gabares et chaloupes qui auraient remonté la rivière non pas à quelques lieues, mais jusqu'à Suberbieville.

Si, aujourd'hui, on expédiait une dépêche à Majunga pour savoir où en est l'expédition, voici la réponse que l'on recevrait : « Les deux adversaires sont toujours en présence, quant aux Hovas, ils ont disparu, il n'en est plus question. » — *Demande* : « Quelles positions occupent les adversaires? — *Réponse* : « Paris. »

L'expédition de Madagascar était essentiellement maritime. Transports par mer, transports dans les fleuves, tout dépendait de la rapidité des transports. Quant à la partie glorieuse de l'expédition, on sait maintenant ce qu'elle vaut.

Si les officiers d'infanterie de marine commandent en Cochinchine, ils peuvent aussi bien commander à Madagascar où ils auront certainement moins de difficultés ; si le chef de l'expédition eût été de l'infanterie ou de l'artillerie de marine, toutes les difficultés eussent été aplanies, et l'on n'aurait pas vu l'administration maritime obligée de laisser partir un corps d'armée patauger dans un fleuve avec des chalands en fer et des canonnières qui sont tout le contraire de ce qu'il fallait. Maintenant encore elle les laisse emprunter de pauvres petits navires pour faire quelques lieues.

Au lieu de cela, un haut et puissant civil en a décidé autrement ; c'était son bon plaisir. Quand nous aurons la guerre avec la Prusse, il en sera de même.

Il y avait, dans cette expédition, 8.000 hommes de troupes dépendant de la marine ; il y avait 4.000 hommes de troupes de la guerre ; il y avait des transports et un débarquement dont le succès dépendait de la marine. Pourquoi a-t-on choisi un officier de l'armée, qui est parvenu à s'en tirer, quand un officier de l'armée de mer supprimait toutes les difficultés ? Il en sera de même plus tard.

Puisque l'administration de la marine est désintéressée de tous les transports fluviaux nécessaires à la colonisation, c'est à l'industrie à marcher en avant. Cela en vaut la peine, il y a de l'argent à gagner. Il ne faut pas attendre ; sans cela on va avoir recours aux boutres arabes et aux embarcations de Zanzibar et de Natal.

Pour un constructeur, qu'est-ce que la construction de trois gabares ? C'est 20.000 ou 25.000 francs d'avancés et ils ne seront jamais perdus. L'important est qu'elles puissent être portées sur deux trucs de chemin de fer.

Les Français ont fondé les plus belles colonies du monde.

Lorsqu'on consulte un journaliste sur la colonisation d'un pays, il vous répond tout de travers ; il ne s'y entend pas. Si l'on questionne un officier de marine, il vous répond avec aplomb : Nous ne sommes pas colonisateurs, les Français ne sont pas colonisateurs. Qui faut-il croire ? Les Français ont fondé les plus belles colonies du monde ; elles ont été lâchées ou vendues par les gouvernements. Il n'en est pas de même des colonies espagnoles qui ont été séparées par les habitants, comme nous les voyons encore maintenant.

Les Français ont fondé les colonies de l'Ile de France et de Bourbon ; c'étaient certes de belles colonies, dont les Anglais se sont adjugé la plus belle part sans conquête, en 1814.

Les Français ont colonisé l'Inde et l'ont défendue avec énergie contre les Anglais, sous le bailli de Suffren et quelques généraux illustres. Qui a abandonné l'Inde ? Le Gouvernement français. On sait cependant qu'il y avait à l'époque une puissante compagnie des Indes, qui avait son siège à Lorient, ce qui témoignait de l'existence d'une colonie très prospère, s'étendant sur la côte de Malabar, sur la côte de Coromandel et sur le Gange jusqu'à Chandernagor. Qui est-ce qui a lâché cette colonie étendue et prospère? Le Gouvernement l'a abandonnée aux Anglais sans compter.

Les Français ont colonisé le Canada. Qui a lâché cette colonie ? Le gouvernement, qui, avec mille hommes et l'assistance des sauvages, pouvait le conserver.

Il en est de même de la Louisiane, vendue à l'Amérique par Napoléon, et de Saint-Domingue, abandonnée également pour mille hommes de garnison, quand on aurait pu, dans le pays, lever des troupes pour la conserver.

Plusieurs expéditions particulières dirigées par des armateurs normands et malouins, ont été faites à Madagascar. Le Gouvernement français a donné son appui quelque temps et a tout abandonné au moment de la réussite. On aurait très bien pu, avec un millier d'hommes, conserver un territoire à Saint-Augustin ou à Fort-Dauphin, ou à Diégo-Suarez, avec les garnisons de l'Ile de France et de Bourbon. Jamais les Hovas n'auraient pu chasser qui que ce soit ; nous savons maintenant ce qu'ils valent. Les relations se seraient établies peu à peu et les Hovas, par intérêt, auraient été les premiers à les entretenir.

Que se passe-t-il de nos jours ? Nous avons des missionnaires intrépides ; ils vont partout où le pape les envoie, parce qu'il n'y a que les missionnaires français pour défricher le terrain; les autres n'en veulent pas. Ils sont les champions de la foi et de l'influence française. Quand ils ont obtenu un bon résultat, à force de science et de patience, qu'arrive-t-il ? Le pape les renvoie et donne leurs missions bien préparées à des Italiens et à des Allemands. C'est ce qui vient de se passer près de l'Abyssinie, et le Gouvernement français, composé de représentants poltrons, indifférents ou intéressés, laisse faire cela, et la France a la honte de voir des Italiens profiter des travaux de ceux qui représentent en première ligne l'influence française au prix de leurs sueurs.

Que conclure de ce qui précède ? Que le peuple français est essentiellement colonisateur et que le gouvernement est toujours là pour éteindre ses efforts et lâcher ses succès.

Il en sera de même tant qu'il n'y aura pas dans le Gouvernement la partie énergique pour défendre à l'extérieur la France, son honneur et ses colonies. Le ministre de la guerre peut être civil, le ministre de la marine peut être civil et le ministre des colonies est toujours civil. Où est l'élément énergique, où est l'honneur militaire? Et c'est avec un gouvernement semblable que l'on veut lutter contre l'Allemagne, dont le Gouvernement est presque entièrement militaire?

Il faut que le ministre de la guerre, civil ou militaire, soit assisté, dans le conseil des ministres, de deux généraux de l'armée de terre; il faut que le ministre de la marine, civil ou militaire, soit assisté de deux officiers généraux de l'armée de mer, et que le ministre des colonies soit assisté de deux officiers généraux de l'armée de mer. Tous ces officiers doivent avoir voix au Conseil, comme les anciens ministres sans portefeuille.

On ne peut pas mieux confier l'honneur de la France qu'à des officiers ayant une honorabilité reconnue, plutôt qu'à des individus qui sortent on ne sait d'où, qui ont le droit de faire des traités, qui abandonnent ou livrent des provinces entières sans contrôle, qui échangent des terres considérables comme les Nouvelles-Hébrides, contre les îles de Wahiné et de Rahiatéa, et qui, après cela, ont le droit de dire, à onze heures du soir : « Je remets ma démission ». Jamais un officier n'oserait faire cela ! Que va-t-il nous arriver ? Nous allons avoir une guerre avec la Prusse, cela est presque à souhaiter; les soldats se battront comme des lions, et je vous assure qu'ils n'ont pas peur des Allemands ! Les généraux se feront tuer crânement, et quand on aura conquis de grands avantages et peut-être des provinces, le Gouvernement français civil lâchera tout et vendra nos lauriers à vil prix, comme tous les Gouvernements précédents, sauf Charles X, le dernier roi de France qui ait eu du cœur !

Quel nom donner ?

Il n'est pas douteux que l'île sera en notre pouvoir dans quelques mois. Le mot *Madagascar* rime avec Gaspard, Balthazar, et Trafalgar, tous noms sinistres, ou de mauvaise apparence. L'île est grande comme la France, pourquoi ne pas l'appeler *Nouvelle-France,* ou *île de France*, nom illustré sous le premier Empire, par les nombreux combats livrés aux Anglais ? Ce nom serait digne de revivre.

Pourquoi ne pas appeler la capitale de l'île

Fort-de-France : c'est un nom qui existe à la Martinique, où il rappelle des souvenirs glorieux. Tananarive est, par le fait, le centre et le fort principal de l'île. On a assez de difficultés pour gravir les montagnes et parvenir au plateau d'Emyrne. Le nom de *Fort-de-France* lui conviendrait très bien.

Pourquoi ne donnerait-on pas à la deuxième capitale Fiaramantzoa le nom de *Canrobert* ?

Enfin, il faut espérer qu'on n'aura pas la barbarie d'infliger à nos enfants, l'obligation d'étudier l'histoire et la géographie d'une langue composée de noms de quatorze syllabes qui les endormiraient sur place. C'est déjà beaucoup de les avoir obligés à apprendre les géographies de la Chine, du Japon, de la Cochinchine et du Soudan. On remplacerait facilement les noms des villes principales, par des noms de la langue des amis.

Shervington.

Depuis le commencement de l'expédition, les journaux s'attachent à faire ressortir le nom du prétendu colonel Shervington. Si le sieur Shervington était un colonel de l'armée anglaise, il pourrait avoir autorité. Mais il y a en France des colonels qui ont aussi leur valeur. Il ne s'agit pas d'un colonel de l'armée anglaise, il s'agit d'un aventurier qui a été officier subalterne dans la réserve anglaise et qui a été chercher fortune à Madagascar, et tâcher de gagner des lauriers et beaucoup d'argent à l'occasion de la guerre actuelle. Il s'est fait naturaliser Hova, s'est fait nommer colonel malgache, et est devenu, par les journaux français, l'épouvantail de ceux qui les lisent. Quand il a vu que les choses tournaient de telle sorte qu'il n'y avait plus pour lui d'avantages à attendre, il est parti sous un prétexte quelconque ; mais, en ennemi de la France, il suit toujours son idée et parle avec aplomb de 50.000 fusils en bon état et de 150.000 hommes réunis à Tananarive. Si les 50.000 fusils existaient, il y a longtemps qu'on en aurait connaissance.

Quant aux 150.000 hommes réunis à Tananarive, la chose est impossible. Aucune peuplade ne s'est opposée à nous et personne ne répond à cet appel. Il est vrai que les Hovas sont très indécis. Les uns disent que la reine a rappelé toutes les garnisons éparpillées, nous abandonnant toutes les côtes, pour défendre l'intérieur. S'il en est ainsi, c'est pour nous le moment de marcher en avant de Tamatave, Fort-Dauphin, Saint-Augustin et Diégo-Suarez. On pourrait le faire en renforçant ces garnisons par quelques troupes de Majunga et quelques hommes venus de France. Cette opération ne serait plus à faire.

D'un autre côté, on dit que les Hovas veulent brûler la ville, le palais d'argent, les ministères, etc. Cela ne peut pas nous gêner, toute la ville est à bâtir.

Probabilités.

Jusqu'ici les Hovas ont employé, comme moyen de défense, celui de nous affamer. Il en sera de même à Tananarive, et c'est peut-être là le seul danger que nous ayons à redouter. Si avant d'entrer à Tananarive, on occupait Ambohinanga, la ville sainte, et qu'on prévienne les Hovas que si dans les trois jours il n'y a pas 10.000 bœufs et autres provisions, la ville sera détruite, ils ne seraient pas longs à s'exécuter.

Quant à l'entrée à Tananarive, si l'on mettait en tête des troupes un détachement d'infanterie de marine de la compagnie qui a tenu garnison, voilà probablement ce qui se passerait : les mulâtresses de toutes nuances se précipiteraient sur les soldats, les appelleraient par leur nom, les aideraient à porter leur fusil et leur sac, et quand le chef de peloton voudrait rétablir l'ordre on entendrait : « Arthur, Jules, ne manque pas de venir à neuf heures au petit barrot vert, bon café. »

Le lendemain, soldats et mulâtresses feront connaissance d'une façon plus intime et la population voyant que les Français ne sont pas ogres commencera à s'apprivoiser.

Le surlendemain, le major en chef portera la liste des malades au général en chef.

— Eh ! bien, major, comment vont nos fiévreux ? — Très bien, mon général, ils sont presque tous guéris.

— Alors nous n'avons plus de malades ?

— Pardon, mon général, 1.500 gonorrhées. Alors, en 48 heures, c'est 1.500 colons français sans dépense pour l'État.

C'est un succès pour la colonisation, succès complet.

Que fera-t-on ?

Aussitôt l'entrée des troupes à Tananarive il y aura grand émoi à la Chambre des députés. On voudra résoudre immédiatement la question de la forme du gouvernement. Les uns voudront l'annexion pure et simple, les autres demanderont le protectorat, parce que des gouvernements étrangers pourraient être mécontents.

Jusqu'ici, malgré six mois d'expédition, on n'a jamais rien su de sérieux sur Madagascar. On a cru que les Hovas étaient un pouvoir avec lequel on pouvait traiter : on sait maintenant qu'ils n'ont ni pouvoir, ni autorité, ni protection à pouvoir accorder ; ils n'ont pour eux que leur férocité. Le jour de l'entrée des Français à Tananarive, toutes les peuplades se soulèveront, les pilleront, les chasseront, se rattraperont de tous les vols qu'ils ont commis et les Français n'auront qu'à les regarder faire.

Le plus sage est d'attendre. Le gouvernement militaire avec bureaux arabes est indispensable pendant trois ou cinq ans ; jusque-là il n'y a rien à faire, rien à décider sur un pays que l'on ne connaît pas. Par conséquent, gouvernement militaire avec bureaux arabes pendant trois ans au moins. Ensuite, on pourra juger sainement de la question.

Occupation.

L'expédition est à sa fin, mais elle n'est pas terminée, et ce ne sera pas sans fatigue qu'elle le sera.

Nos troupes sont très fatiguées et, bien que très certainement elles arriveront à Tananarive, il ne faut pas arriver là avec des soldats tenant encore debout, mais prêts à devenir indisponibles du jour au lendemain ; les Hovas auraient trop beau jeu.

A ce moment-là, le corps d'expédition aura fini sa tâche, et le corps d'occupation aura la sienne à faire.

Il est bien certain que peu de soldats de l'expédition seront en état de rester six mois sur le plateau d'Emyrne. Il faut donc expédier sans retard un corps d'occupation de 4.000 hommes de troupes européennes n'ayant pas subi les fatigues du travail des routes et n'ayant pas à les subir. Si ces troupes, qui devraient être expédiées de suite, arrivaient le 15 octobre au plateau d'Emyrne, elles donneraient peut-être un coup de main très utile aux troupes actuelles. Quant à celles-ci, il n'y a rien de mieux à faire que de les renvoyer le plus tôt possible en Europe, pour conserver de bons soldats. Les troupes d'occupation devraient aller à Tananarive par Vatoumondry.

Quand on sera à Tananarive, la première chose à faire est d'établir la route de Vatoumondry, qui sera toujours la plus facile, parce qu'elle n'est que de 165 kilomètres et que celle de Majunga est de 420 kilomètres.

Elle sera bien plus vite faite et beaucoup plus facile à faire. Il faut commencer de suite à élaguer les arbres du sentier et établir des clairières par le feu, pour qu'on puisse traverser la forêt dans le moins de temps possible.

Pourquoi les troupes d'occupation ne passeraient-elles pas par là, elles auraient moins de chemin à parcourir et l'on établirait un dépôt de ravitaillement au milieu de la route. On l'entretiendrait très facilement par la Réunion ou Diégo-Suarez.

Quant au débarquement à Vatomandry on pourra toujours le faire pendant l'hivernage comme à Saint-Denis de la Réunion. Les navires attendront à Diégo-Suarez et viendront entre deux ouragans. On sera certainement obligé d'établir un service de vapeurs entre Diégo-Suarez et Vatoumondry.

Le moment paraît venu de mettre fin à l'entêtement des charrettes et de remplacer les soldats terrassiers par 2.000 marocains et 400 mineurs italiens et les charrettes par 2.000 bœufs porteurs de Zanzibar, ce qui aurait dû être fait depuis longtemps. On aurait ainsi évité la nécessité des routes et le travail de ceux qui les faisaient.

Quel gouverneur va-t-on nommer? La colonisation de Madagascar est une œuvre purement maritime. Il n'y a que points de débarquement et navigation de rivières. Cela a tous les rapports possibles avec le Sénégal et la Cochinchine. Si l'on met un général de la guerre, il n'aura rien à faire dans un pays où un chef de bataillon suffit pour mettre de l'ordre dans les peuplades.

Que mettra-t-on? Un préfet? La conquête n'est pas terminée, et, pendant cinq ans, le pays doit rester sous l'administration militaire.

On ne veut pas mettre un officier de marine. Si l'on propose la place à un général de division, de l'artillerie ou de l'infanterie de marine, il déclinera l'honneur de prendre la succession d'un général qui a fait la conquête. Il ne reste qu'un général de brigade de la marine qu'on nommera général de division.

Ce qu'il y a à faire sans retard.

Expédier de suite 4.000 hommes de troupes de France ou d'Algérie, de manière qu'elles arrivent à Tananarive sans fatigue et n'ayant même pas porté leur sac, ce qui peut se faire faire par quelques bœufs porteurs par compagnie ; ces troupes arriveront ainsi complètement indemnes et seront à l'abri des fièvres. Sans cela le succès de l'expédition est fort compromis.

LILLE. — IMP. LEFEBVRE-DUCROCQ

www.ingramcontent.com/pod-product-compliance
Ingram Content Group UK Ltd.
Pitfield, Milton Keynes, MK11 3LW, UK
UKHW032006260826
14628UKWH00005B/2317

9 782013 432252